# LETTRES PASTORALES,

*L'une du Chapitre de l'Eglise d'Elvas; l'autre du College de la sainte Eglise de Lisbonne, en exécution de la Lettre Royale du 19 Janvier 1759, pour détruire & anéantir les erreurs impies & séditieuses que les Jésuites ont voulu semer dans ces Royaumes,*

Avec un coup d'œil de leur usurpation dans l'Amérique Espagnole & Portugaise.

1759.

# LETTRE PASTORALE

*Du Chapitre de l'Eglise d'Elvas, le Siége vaquant, en exécution de la Lettre Royale du 19 Janvier 1759.*

LES Doyen, Dignitaires, Chanoines & Chapitre de la Sainte Eglise Cathédrale de cette Ville & Evêché d'Elvas, le Siége vaquant, à tous nos Sujets, Diocésains de cet Evêché, qui, la présente Lettre Pastorale, verront, & qui en auront connoissance : Salut & Paix en Notre-Seigneur Jesus-Christ.

Sçavoir faisons, que le devoir de la charité pastorale que nous exerçons en ce jour, nous obligeant de veiller à ce que le troupeau des Fidéles, dont la conduite spirituelle nous est confiée dans ce Diocèse, soit écarté des pâturages empestés, & ne soit pas nourri de doctrine empestées, étant d'ailleurs assurés, soit par la connoissance particuliere que nous en avons, soit par la notoriété publique, que les Religieux de la Compagnie de Jesus les enseignent par une erreur déplorable, & les mettent en pratique par un exemple très-pernicieux, nous devons employer tous nos soins à couper court à une doctrine, dont le venin est si dangereux, & qui ne s'est déja que trop accréditée par les sacriléges effets que nous n'avons pu voir sans horreur.

A ces causes, n'ayant rien tant à cœur que d'en préserver les Diocésains de cet Evéché, nous avons suspendu, & tenons pour suspens de tout exercice de Confession & de Prédication les Peres de la Compagnie de Jesus, dans toute l'étendue de cet Evêché, même dans leurs propres Eglises, leur défendons d'enseigner, soit en public, dans les Chaires, où ils avoient accoutumé de professer, soit en particulier, en aucune maniere, le cas présent subsistant; en outre, défendons à tous les Diocésains sujets de cet Evêché, sous peine d'excommunication majeure, encourue *ipso facto latæ sententiæ*, d'ouir ou de prendre les leçons & la doctrine des susdits Peres.

Et afin que les Présentes parviennent à la connoissance de tous, nous ordonnons qu'il en soit expédié des copies, signées par nous, avec les formalités ordinaires, & scellées du sceau de nos armes, pour être affichées dans tous les lieux accoutumés. Donné en cette ville d'Elvas, dans notre Chambre Capitulaire, le 14 Février 1759.

*Je Pere Pereyra, Ecrivain de la Chambre Episcopale, ai écris la présente.*

† *Signés*, J. C. de LARA, Doyen. A. L. PEREYRA D'ABREU, Chanoine, Secrétaire.

# LETTRE PASTORALE

*De l'Excellentissime & Révérendissime College de la sainte Eglise de Lisbonne, le Siége vaquant, pour détruire, abolir & anéantir les erreurs impies & séditieuses que les Religieux de la Compagnie de Jesus ont voulu semer parmi les Peuples de ces Royaumes.*

NOus les principaux Prêtres & Doyen de la sainte & Patriarchale Eglise de Lisbonne, le Siége vaquant, à toutes les Personnes Ecclésiastiques & Séculieres dudit Patriarchat, Salut & Paix.

SA MAJESTÉ Très-Fidéle ayant daigné nous faire sçavoir, par une Lettre signée de sa main, en date du seiziéme Décembre dernier, que la providence du Très-Haut avoit préservé sa Royale & Très-Fidéle Personne d'un horrible & exécrable attentat, tel qu'on n'a jamais lu dans les annales Portugaises, & qui tendoit à nous ravir une vie aussi estimable & aussi prétieuse par la plus barbare & la plus cruelle audace, le trois de Septembre de l'année derniere; aussi-tôt, en reconnoissance d'un si grand bienfait, nous rendîmes de solemnelles actions de graces au Dieu tout-puissant pour une faveur aussi signalée, dans ladite sainte Eglise Patriarchale, & nous ordonnâmes que le même se pratiquât avec le plus grand éclat dans toutes les Eglises du Patriarchat.

Après avoir procédé à l'examen & à la vérification des preuves contre les coupables, & ceux qui ont été compris dans cet abominable & exécrable crime, pour leur faire subir un châtiment proportionné à l'énormité de leur faute, & pour servir d'exemple aux autres, ledit Seigneur Roi vient tout récemment de nous apprendre que cet attentat, inspiré par l'enfer, tenoit aux principes d'une morale erronée & déja condamnée par plusieurs Souverains Pontifes, dont on avoit renouvellé la pratique, pour mieux persuader à ces monstrueux assassins que leur action injuste, infâme & barbare étoit licite; Sa Majesté nous recommandoit instamment de faire de nôtre part tous nos efforts pour arracher jusqu'à la racine de si pernicieuses idées, comme il paroît par sa Lettre du 19 Janvier de la présente année, dont la teneur s'ensuit.

*A nos Amés les Premiers, Principaux & Collége de la Ste Eglise de Lisbonne, Salut.*

Par les deux imprimés qui accompagneront la Présente, & qui sont signés par Sébastien-Joseph de Carvalho & Mello, de mon Conseil, & Secrétaire d'Etat des affaires du Royaume, pour que foi soit ajoutée comme aux originaux, vous ſerez informés que le douze du courant mois de Janvier, il s'eſt rendu une Sentence dans le Tribunal de l'Inconfidence contre les coupables de l'attentat barbare & ſacrilége, qui ſe commit contre ma Perſonne la nuit du 3 Septembre dernier. Vous ſerez auſſi informés des ordres que j'ai envoyés au Docteur Pierre Gonzalves Cordeyro Pereyra, membre de mon Conſeil, Chancelier de l'Hôtel des Requêtes, y faiſant les fonctions de Préſident, pour réprimer en partie les Religieux de la Compagnie de Jeſus, dont le gouvernement relâché s'eſt rendu, non pas complice ſeulement, mais principal auteur des crimes de Lèze-Majeſté au premier chef, haute trahiſon & parricide, objet de ladite Sentence: Leſdits Religieux, pour corrompre les conſciences des abuſés qu'ils ont rendu coupables de ce crime, & qui viennent d'être punis, ſe ſont ſervis de moyens exécrables qu'ils ont employés pluſieurs fois en ſemblables cas, comme de répandre, en tâchant de perſuader par l'abus du ſacré miniſtère, le venin des menſonges, dictés par Machiavel, & des principes oppoſés à l'Evangile, auſſi-bien qu'hérétiques, impies & ſéditieux, & détruiſant la charité chrétienne, la ſociété civile, & la tranquillité des Etats: quoique principes condamnés, anathématiſés & proſcrits de l'Egliſe de Dieu, principalement par les Souverains Pontifes, Alexandre VII & Innocent XI, les mêmes Religieux ont ſuggéré & fait pratiquer ces erreurs réprouvées comme telles par le ſaint Siége, & celles encore qui ſont relevées dans l'Ecrit que vous recevrez auſſi avec la Préſente.

Et comme il eſt manifeſte, non-ſeulement par l'évidence des preuves ſur leſquelles eſt fondée la Sentence ſuſdite, mais encore par d'autres faits qui ſont parvenus à ma connoiſſance, & confirmés avec une certitude égale, que les ſuſdits Religieux ſe ſont propoſés pour objet principal de leurs clandeſtines manœuvres, d'empoiſonner de leur pernicieuſe doctrine, non-ſeulement la Cour, mais encore les Provinces du Royaume, en ſurprenant la pieuſe crédulité des Fidéles, pour les aliéner par des ſuggeſtions autant imperceptibles que ſiniſtres de leurs obligations eſſentielles à l'égard du prochain, & de l'obéiſſance qu'ils doivent au Trône, ſoit comme Chrétiens, ſoit comme Sujets, il m'a paru que, ſans différer davantage, je devois vous faire part de tout ceci, afin qu'ayant connoiſſance de la nourriture empoiſonnée que la malignité a prétendu donner à vos ouailles, vous puiſſiez la faire retirer, ſuivant vos obligations & par votre autorité paſtorale; & ne laiſſer, au lieu d'un ſi mortel poiſon, qu'une nourriture utile & ſalutaire dans les champs que cultivoient les ouvriers zélés & exemplaires de la vigne du Seigneur.

Ecrite en ce Palais de Notre-Dame du Secours, le 19 Janvier 1759.

*Signé*, LE ROY.

Enſuite de quoi il a été démontré, que les erreurs impies & ſéditieuſes qu'on a ſuſcitées de nouveau, ſont les ſuivantes. Premierement, celui qui veut perdre une perſonne ou le gouvernement, doit commencer cette œuvre abominable par répandre des calomnies propres à diffamer la ſuſdite perſonne ou le gouvernement, étant certain qu'un calomniateur de cette ſorte trouvera toujours un aſſez grand nombre d'hommes naturellement enclins à croire le mal; il s'enſuivra de-là, que faiſant perdre en peu de tems tout crédit à la perſonne calomniée, celle-ci perdra bien-tôt, avec la bonne opinion, toutes les forces principales qui conſiſtent dans la réputation, pour être bien-tôt livrée à toute la vengeance du calomniateur.

Secondement, l'avantage du propre intérêt peut être un motif pour projetter & effectuer la mort du prochain.

Troiſiémement, quand il eſt néceſſaire pour la ſanté du corps, pour l'honneur & les biens, on peut mentir & uſer pour la même fin d'amphibologie mentale, qui cachent la vérité des paroles pour ce qui regarde le paſſé, & qui puiſſent s'expliquer dans un ſens convenable quant à l'avenir; leſquelles erreurs téméraires ſe trouvent réprouvées & condamnées, comme ſcandaleuſes & dangereuſes dans la pratique, par les Souverains Pontifes Innocent XI, ſpécialemenr dans les propoſitions 44, 53, 55, 30, 31, 32, 33, & dans les 24, 25, 26 & 28 de ſon décret, du 2 de Mars de l'année 1679, & Alexandre VII, dans les propositions 17, 18, 19 & 28 de son décret du 2 de Septembre 1665.

Nous, considérant avec le plus vif sentiment, & non sans une grande amertume de cœur, qu'il puisse y avoir ou qu'il y ait des personnes qui, oubliant pour toujours les préceptes de l'Evangile, la tradition, les Conciles, les Constitutions Apostoliques & le consentement unanime des Saints Peres (abandonnant cette doctrine solide qui sert à faire fructifier l'Eglise de Dieu & à maintenir le peuple chrétien sous la conduite infaillible de l'Eglise Catholique Romaine, dont l'œil toujours ouvert sur les entreprises de l'ennemi commun, est toujours attentif à extirper les erreurs que le démon tâche sans cesse d'y introduire, pour corrompre ses dogmes s'il étoit possible) enseignent, pratiquent & travaillent à persuader des opinions déja proscrites, condamnées & reprouvées par le Siége Apostolique, non-seulement dénuées de toute probabilité, mais de plus erronées, séditieuses & téméraires, scandaleuses & dignes de toutes les autres censures dont elles ont été frappées dans leur condamnation; ce que voulant prévenir de notre part, afin que les sujets de ce Patriarchat n'avancent pas de semblables maximes, mais les plus pures & les plus saines, comme les plus propres à la conservation de la foi, de la Religion, de la piété catholique, au maintien de la société civile, du respect & de l'obéissance inviolable dûe aux Princes & aux Supérieurs, pour obtenir par là cette félicité éternelle & temporelle qui fait les fondemens solides d'une Monarchie Catholique; & comme pour jouir de ce bien précieux nous devons, avant toutes choses, recourir à Dieu Notre-Seigneur, & supplier sa suprême bonté de conserver dans ce Royaume la foi la plus pure, l'observance inviolable des décrets des Pontifes, l'obéissance exacte, jointe à l'amour le plus tendre pour ses Princes & ses Supérieurs, nous délivrant de ces pernicieuses maximes, de ces idées diaboliques, de ces erreurs exécrables, de ces sinistres intentions si opposées à la religion & à l'observance de notre foi: mandons à tous nos sujets, & recommandons à tous les Réguliers que dans le saint sacrifice de la Messe, dans les Offices divins & dans les autres exercices spirituels, ils ayent à prier Dieu sans cesse qu'il daigne nous accorder par son immense bonté l'effet de nos demandes, ne permettant pas que les erreurs se renouvellent, mais qu'elles demeurent pour jamais totalement extirpées, & que la foi & la Religion, dont nous connoissons si bien le prix, demeurent parmi nous inaltérables; & pour tirer aussi du châtiment & de la peine un moyen plus facile de bannir cette doctrine aussi pernicieuse que détestable, nous déclarons par les Présentes que toutes les susdites propositions sont proscrites & justement condamnées, comme erronées, séditieuses, impies, malsonantes, scandaleuses, & en tout contraires à la doctrine de l'Evangile & à la pureté de la foi. Ainsi ordonnons à toutes personnes de ce Patriarchat, de quelque état, prééminence & qualité qu'elles soient, de n'y pas enseigner, pratiquer ni persuader aucune maxime qui se puisse réduire à quelqu'une des susdites propositions condamnées par les Pontifes. En outre ordonnons aussi, sous peine d'excommunication, *latæ sententiæ*, à toute nos sujets d'éviter toutes personnes, quelles qu'elles soient, qu'ils sçauront qui pratiquent ou enseignent les susdites erreurs, de ne point communiquer avec elles, pour n'être pas insensiblement infectés de leurs opinions pernicieuses & réprouvées, de les dénoncer dès qu'ils les connoîtront, à nos Ministres députés dans tout le Patriarchat pour recevoir les dénonciations, lesquelles ils nous représenteront, en procédant en la forme du droit, avec toute l'intelligence & le soin requis; ce que nous leur commandons avec instance, afin que d'une voix unanime on puisse détruire, abolir & anéantir des maximes si abominables, si opposées à la Religion & à la tranquillité spirituelle & temporelle de nos sujets. Et afin que notre présente Lettre Pastorale vienne à la connoissance de tous, nous ordonnons qu'elle soit publiée & affichée dans toutes les Eglises & Monastères de ce Patriarchat, d'où elle ne pourra être enlevée sous peine d'excommunication. Donné à Lisbonne, & signé des trois Principaux, & scellé du Sceau de cette sainte Eglise de Lisbonne le 19 de Février de l'an 1759, le Siége vaquant. D. PRINC. PORTUGAL. D. PRINC. LUTEO. R. PRINC. DE MOMA SILVA, par le commandedement de l'excellentissime & révérendissime Collége Christoral de Rocha Cardoso.

## *Coup d'œil sur l'usurpation des domaines de l'Amérique Portugaise & Espagnole, faite par les Jésuites.*

On peut réduire à cinq points principaux les moyens abusifs dont les Religieux de la Compagnie de Jesus se sont servis pour usurper les domaines de l'Amérique Portugaise & Espagnole, & se maintenir dans ladite usurpation.

### Premier Point.

*Usurpation de la liberté des Indiens.*

Puffendorfs remarque au livre troisiéme du droit de la nature & des gens, chap. 2, §. 8, que l'orgueil des Grecs étoit monté à ce point d'arrogance, de se croire, contre toutes les lumieres du droit naturel, le seul peuple libre sur la terre, & de regarder les autres nations comme barbares & esclaves par nature; & cette injuste & fausse opinion que le Docteur Protestant condamne & reprouve dans une nation infidéle, qui étoit dépourvue de la connoissance du vrai Dieu, est la même que les Religieux de la Compagnie de Jesus réalisent par leurs assertions & par la pratique de plusieurs années, sous le même prétexte de regarder comme barbares les Indiens des deux Amériques, tandis que c'est une vérité constante que les Indiens sont libres par nature, vérité si conforme au droit naturel & divin, comme le prouve par plusieurs textes & par l'autorité de plusieurs Docteurs, Solorzano dans son traité *de Jure Indiarum*, tom. 1, liv. 3, chap. 7, n. 31, 33 & 35.

Ainsi l'ont déclaré les souverains Pontifes Alexandre VI, Paul III & Clément VIII, comme le rapporte le même Solorzano, *ibid.* n. 34, 54 & 55; & de la maniere la plus expresse Benoît XIV par une Bulle pleine de beauté & d'élégance du 20 Décembre 1741.

Ainsi l'ont décidé les Rois de ce Royaume, en se conformant aux susdites Bulles par des loix multipliées, l'an 1570, 1587, 1595, 1609, 1647, 1655, 1680, qui ont été récemment confirmés par le Roi régnant dans le préambule de la loi portée sur cette matiere le 6 Janvier 1755. Les Rois Catholiques d'Espagne n'ont pas été moins attentifs, comme il paroît par plusieurs loix, où éclatent également leur piété & leur sagesse, & fondées sur les mêmes motifs, depuis la premiere instruction qui fut donnée à Christo-val-

Colon, ainsi qu'il est rapporté chez le même Solorzano, liv. 3, chap. 6, n. 6, 28, 29, 30, 31, 32, 33, 34; & chap. 7, n. 55, 50, 57, 58, 59. Cependant, en dépit du droit naturel & divin, nonobstant les Constitutions Apostoliques & tant de loix émanées de l'autorité royale, la convoitise des mêmes Religieux de la Compagnie de Jesus a prévalu jusqu'à nos jours, pour retenir dans l'esclavage les Indiens, & parvenir aux fins malheureuses qui achevent de se manifester à nos yeux d'une maniere si digne de larmes.

## SECOND POINT.

*Usurpation de la propriété des Biens des Indiens.*

La propriété des biens est de droit naturel & des gens Puffendorfs, droit de la nat. tom. 1, liv. 4. chap. 4, Voyez tout le chap. très-bien expliqué dans le § 14.

Ce droit de propriété appartient incontestablement aux Indiens, comme étant les premiers Habitans, & les Possesseurs naturels des Terres qu'ils occupoient avant la conquête qui en fut faite sur eux. C'est aussi sur ces principes infaillibles que Puffendorfs a trè-bien traité tom. 1, liv. 4, chap. 6. (Voyez le chapitre presqu'en entier) & sur ces solides fondemens que sont établies les Loix de Portugal & d'Espagne.

Il est certain que les Loix d'Espagne défendirent d'enlever aux Indiens les Terres qu'ils possédoient au tems qu'ils étoient encore infideles ou avant la conquête ; les mêmes Loix ordonnerent, qu'on ne chargeroit point de tributs & d'impôts ces premieres possessions ; ainsi le rapporte Solorzano, liv. 2 de la politique indienne, chap. 19. § 90 col. 1 à la fin, & au tom. 2. *de Jure Indiarum*, liv. 2, chap. 1, n. 23 ; qu'on ne transporteroit pas les mêmes Indiens par force ni par violence de leurs Terres naturelles en d'autres Terres éloignées. Voyez le même Sorlozano *de Jure Indiarum*, tom. 2, liv. 1, chap. 5, n. 61 & 62, & chap. 14, n. 88 & 89.

Les Loix de Portugal ont en vue le même objet, comme il paroît par les Loix indiquées dans les réflexions, sur l'art. 1 de la Cedule du premier Avril 1680, l'Article 54 s'y rapportant expressément, ayant été de plus inséré dans la Loi du 6 de Juin 1755, pour être exactement observé.

Ainsi l'ont décidé les Bulles des Souverains Pontifes rapportées dans les réflexions sur le susdit article ; & cette vérité ne peut souffrir aucun doute, parce que le Domaine des Biens étant le premier effet de la liberté des personnes, les Indiens ne pouvoient en être privés contre leur volonté, étant libres en leurs personnes, suivant tous les droits.

## TROISIEME POINT.

*Usurpation des Cures perpétuelles chez les mêmes Indiens.*

Le Docteur Solorzano, tom. 2, Livre

3 *de Jure Indiarum*, chap. 16, nº. 1, 35, 36, 38, 39, 40 & 41, prouve par plusieurs textes, & par l'autorité d'un grand nombre de Docteurs la défense faite aux Jésuites, en tant que réguliers, d'obtenir des Bénéfices-Cures. Le même Docteur ibid nº. 2 & 7 jusqu'au 11 inclusivement, prouve qu'en conséquence de la défense, il fallut que les Rois des deux Royaumes obtinssent des Souverains Pontifes Leon X. Adrien VI, Paul III, Clement VII, & Pie V, les dispenses nécessaires aux Réguliers, pour administrer, comme Curés, les Sacremens aux Indiens, durant le tems seulement qu'il n'y auroit pas un nombre suffisant de Clercs séculiers pour acquiter les mêmes fonctions ; les Bulles des susdits Pontifes ayant été acceptées & exécutées dans cet esprit par les décrets des Rois de Portugal & d'Espagne, comme le même Solorzano le prouve amplement, tom. 2, Liv. 3, Chap. 16, & nº. 7 jusqu'au nº. 11, d'où il résulte que l'administration des susdits Religieux étant précaire, & aux droits seulement des Clercs séculiers à leur défaut, aussitôt que le nombre suffisant de ceux-ci sera rempli, les Curés réguliers doivent se retirer dans leurs Cloîtres, par principe de conscience qu'on ne sauroit nier pour plusieurs autres raisons de politique & de convenance que le même Solorzano discute avec soin, *ubi proximè suprà*, depuis le nombre 27, jusqu'au nombre 44, & dans la politique indienne, liv. 4, chap. 16 en entier. On

peut juger de là du grand pouvoir, ou plutôt du grand art, par lequel les susdits Religieux se maintiennent jusqu'à présent dans ces Paroisses contre les Loix divines & humaines, pour y faire soulever & révolter les Indiens contre leurs Rois & Maîtres naturels, au lieu d'y procurer le service de Dieu : conduite inouie & incroyable au tems de Solorzano, & plusieurs années depuis jusqu'à ces jours, où la notoriété publique a mis ces faits dans la plus grande évidence.

## Quatrieme Point.

### *Usurpation du Gouvernement temporel des mêmes Indiens.*

Il est étroitement défendu à tous Curés réguliers de se mêler du gouvernement temporel ou politique des Missions ; cette défense est expressément marquée dans la Bulle *Sacro-Sancti Apostolatus* d'Alexandre VII, qui est la quarante-sixiéme, selon l'ordre du Bullaire Romain, & renouvellée par celle de Clément IX *In excelsa*, *n.* 38, dans le même Bullaire, toutes deux conforme au droit canonique, qui défend à tous les Ecclésiastiques de se mêler du gouvernement séculier ; le texte est formel au chapitre *Sed nec* 4. *ne Clerici vel Monachi*, défense qui a encore plus de force vis-à-vis les Peres de la Compagnie de Jesus, qui par vœux sont inhabiles à exercer la Jurisdiction même Ecclésiastique dans le fort externe, comme le rapporte

Sauches ſur le Décalogue, liv. 6, chap. 28, n. 28.

Il s'enſuit de-là, que le gouvernement des Principaux & des Caciques, eſt bien plus convenable & plus adapte au génie de ces Peuples, plus conforme à la Nation, aux Coutumes, aux Loix & aux Ordonnances Royaux, comme le même Solorzano le prouve amplement, tom. 2 *de Jure Indiarum*, liv. 1 chap. 26, & ſpécialement n. 11, 18 & 38.

Quant aux Magiſtrats ſupérieurs auxquels on doit avoir recours, voyez le même Auteur, tom. 2, liv. 4, c. 2; il eſt également admirable dans le jugement qu'il porte ſur l'honoraire des ſuſdits Magiſtrats, tom. 2, liv. 1, chap. 18 & ſuivans.

C'eſt en vain que ces Peres ont recours à leurs ſubterfuges ordinaires, en voulant perſuader que les Indiens ſont dépourvus du ſens commun, & incapables d'un gouvernement politique, vu que la raiſon, l'autorité, l'expérience, démontrent évidemment le contraire; on peut lire ſur ce ſujet Bachobius au § 4 des Inſtitutes du droit des perſonnes, où il nie qu'on puiſſe trouver de ſemblables nations d'hommes inſenſés; Solorzano, tom. 2, liv. 1, chap. 24, n. 14, s'acorde avec lui, avec Pline & autres Auteurs, en produiſant des témoignages certains du bon naturel des Indiens & de leur capacité pour le gouvernement, au même tome 2, liv. 10, chap. 25, n. 27 & 80.

## CINQUIEME POINT.

### *Usurpation du Commerce de Terre & de Mer des mêmes Indiens.*

La défenſe rigoureuſe de négocier ou de faire le commerce, comprend tous les Eccléſiaſtiques, cela paroît par les textes, *in cap. 2, inſtitut. 6, ne Clerici vel Monachi*; mais elle lie d'une maniere plus étroite les Miſſionnaires, comme on le peut déduire du chap. 10, verſ. 9 de l'Evangile ſelon St Mathieu, & de la peine d'excommunication majeure, *latæ ſententiæ*, portée par la Bulle d'Innocent VIII, *ex debito* §. 8, au nombre 126, ſelon l'ordre du Bullaire Romain. Solorzano *de Jure Indiarum*, tom. 3, liv. 3, chap. 18, n. 23 & 24, elle a été confirmée & de nouveau autoriſée par Benoît XIV, par ſa Bulle, qui commence ainſi : *Apoſtolici ſervitutis, n.* 13 *du Bullaire.*

Il eſt certain qu'à l'exception de la vente des choſes ſuperflues & de l'achat des choſes néceſſaires, tout négoce eſt interdit, même celui qui provient du travail des mains quand il bleſſe la bienſéance, qui convient aux Clercs & aux Religieux : ainſi s'explique Gonzales, telles ſur le texte *in dicto cap. ſecundùm inſtit.* 6, *ne Clerici vel Monachi, n.* 6 *&* 7, conformément à la tradition unanime des Docteurs, & à la regle expreſſe du liv. 4, tit. 16 ; étant plus certain encore que la commiſſion donnée aux Indiens de chercher des drogues dans les campagnes pour les vendre, ensuite de saler des viandes & du poisson, pour la même fin, de faire amas de cuirs pour s'en défaire par la même voie & autres négoces de cette nature, ne peuvent être regardés comme des ventes de choses superflues ou des achats des choses nécessaires, ni comme le fruit du travail légitime des mains; mais plutôt comme un commerce réel & véritable dans la rigueur du terme, comme une contractation entre Marchands, interdite par les Loix de ce Royaume, même aux Gouverneurs & aux Ministres séculiers, ainsi qu'il est expressément marqué dans les Edits & Ordonnances du liv. 4, tit. 15, & dans les deux Cédules du 27 Février 1713, & du 31 Mars 1680, dans la Loi du 29 Août 1720, & dans un autre Cédule du 27 Mars 1721, nonobstant tous les subterfuges que ces hommes endurcis employent pour pallier les terribles censures qu'ils ont encourues depuis plusieurs années comme Négocians.

C'est en vain qu'ils voudroient persuader que leur commerce & leur négoce ont des fins bonnes & convenables, comme d'engager les Indiens à bâtir des Eglises & à les orner; comme de procurer des vêtemens aux Indiennes, afin qu'elles puissent aller aux Eglises avec décence; comme de les secourir toutes, & de subvenir à leurs différens besoins dans leurs maladies. Qui ne voit que ces raisons prétendues ne peuvent mériter attention, que toutes ces fins sont gratuitement imaginées & sans effet ; par quel privilege ces Peres peuvent-ils faire une faute si grossiere & d'une conséquence si pernicieuse, telles que d'enfraindre les Constitutions Apostoliques & les Loix Royales, & de pratiquer, sous la profession de Missionnaire, ce qui est sévérement défendu ; quand même il résulteroit d'un si grand mal un bien aussi grand qu'ils veulent faire accroire contre la vérité connue de tout le monde, que les Indiens vont nuds, qu'ils manquent presque de nourriture & de secours, & que ces Peres charitables amassent par ces moyens illicites de trésors immenses & s'enrichissent en apauvrissant les Indiens.

Mais on peut ajouter à ces considérations que les raisons, dont ces Peres se prévalent, sont des prétextes supposés. En premier lieu, celle qu'ils tirent des frais de conduite des Indiens qu'on fait passer des champs aux bourgades, parce qu'il a été ordonné par plusieurs Edits Royaux, spécialement par celui du 28 Avril 1688, que ces frais se prendroient, comme on les a toujours pris sur le trésor royal, & que la piété des Rois leur avoit deja inspiré ces précautions dans les premiers ordres qui furent expédiés à Christoval-Colon, & ceux qui l'ont suivi dans les autres découvertes. La seconde est caduque, parce que par les mêmes Loix du Royaume, il a été ordonné qu'on établiroit des especes d'hermitages pour les Indiens, dès qu'on les auroit conduit des champs aux Villages ; & qu'aussi-tôt qu'ils y seroient habitués on y bâtiroit des Eglises, dont la construction & la fabrique appartiendroit à leurs Majestés, qui en ont déjà fait bâtir un grand nombre ; & quand même le trésor royal ne fourniroit pas à la dépense, les mêmes Indiens seroient tenus à cette obligation comme paroissiens, ainsi que le prouve avec évidence Gonzales, telles *ad textum in cap. de Ecclesiis ædificandis*, *n.* 7°. & c'est à quoi ils ne manqueroient pas, si les susdits Religieux ne le leur rendoit impossible par le dur esclavage dans lequel ils les tiennent, & par l'usurpation qu'ils ont faite de leurs terres & de leur commerce pour accumuler des richesses aux dépens de la substance de ces infortunés Nationnaux.

La troisiéme, tirée du motif de vêtir les Indiennes, est également fausse, parce qu'on a soin de les vêtir au tems de la transmigration des champs aux bourgades, aux dépens du trésor royal, ensuite elles employent la plus petite partie de leur salaire à se procurer des vêtemens ; d'où il résulte, que non-seulement ils ne leur donnent pas de quoi se vêtir, mais qu'ils leur ôtent le moyen de le faire, & de se défendre contre la rigueur du tems dans le fort du travail personnel.

La derniere enfin, tirée de l'obligation de secourir toutes les Indiennes dans leur maladies, est également fausse & supposée, parce que c'est un fait notoire dans toute l'Amérique que les Indiens malades, comme sains, vivent & se procurent leur propre subsistance par le travail de leurs mains, qu'ils font le seul jour libre, que ces Religieux leur accordent chaque semaine, qui, dans le Brésil & dans le Maragnon, est le Dimanche consacré à Dieu de droit divin.

Quand même nous leuraccorderions, que l'obligation qu'ils prétextent pour se maintenir dans leur gouvernement violent & tyrannique seroit réelle & nécessaire, elle ne pourroit les excuser en rien, parce qu'elle seroit toujours étrangere aux Missionnaires, & non propre, comme elle le devroit être, pour qu'il leur fût permis de négocier dans le terme étroit du devoir, comme le rapporte Barbosa, *de Jure Eccles.* liv. 1, chap. 40, n°. 119, & cette obligation propre & de nécessité, à laquelle les Rois des deux Royaumes ont pourvu & pourvoient par des secours convenables, par des congrues suffisantes, ne leur permettroit le négoce que pour le cas précis de se procurer le nécessaire, mais non jamais pour le négoce qu'ils exercent. Cette décision est certaine & reconnue, même par leurs propres Docteurs, ainsi que le décide Molina, *de just. & jur. disput.* 319, n. 4, ni pour étendre un tel commerce, au point d'accumuler des trésors immenses, qu'ils ont transporté & qu'ils transportent actuellement des deux Amériques, au su de tout le monde.

www.ingramcontent.com/pod-product-compliance
Ingram Content Group UK Ltd.
Pitfield, Milton Keynes, MK11 3LW, UK
UKHW012310240726
13966UKWH00005B/1780

9 782013 091503